مکتب - 学校	2
سفر - 旅行	5
حمل و نقل - 交通运输	8
شهر - 城市	10
چشم انداز - 地形	14
رستورانت - 餐馆	17
سوپر مارکیت - 超市	20
نوشیدنی ها - 饮料	22
غذا - 食物	23
مزرعه - 农场	27
خانه - 房子	31
اطاق نشیمن - 客厅	33
آشپزخانه - 厨房	35
حمام / دستشویی - 浴室	38
اطاق اطفال - 儿童房	42
لباس - 衣服	44
دفتر - 办公室	49
اقتصاد - 经济	51
شغل ها - 职业	53
ابزار - 工具	56
آلات موسیقی - 乐器	57
باغ وحش - 动物园	59
ورزش ها - 体育	62
فعالیت ها - 活动	63
فامیل - 家	67
بدن - 身体	68
شفاخانه - 医院	72
عاجل - 紧急情况	76
زمین - 地球	77
ساعت - 钟表	79
هفته - 周	80
سال - 年	81
شکل ها - 形状	83
رنگ ها - 颜色	84
متضاد ها - 反义词	85
اعداد - 数字	88
زبان ها - 语言	90
کی/چی/چطور - 谁/什么/怎样	91
کجا - 方位	92

Impressum
Verlag: BABADADA GmbH, Nedderfeld 112 , 22529 Hamburg
Geschäftsführer / Verlagsleitung: Harald Hof
Druck: Books on Demand GmbH, In de Tarpen 42, 22848 Norderstedt

Imprint
Publisher: BABADADA GmbH, Nedderfeld 112 , 22529 Hamburg, Germany
Managing Director / Publishing direction: Harald Hof
Print: Books on Demand GmbH, In de Tarpen 42, 22848 Norderstedt, Germany

1

مکتب
学校

صنف درسی
教室
تقسیم کردن
除
تخته
黑板
معلم
老师
کاغذ
纸
نوشتن
书写
خودکار
钢笔
میز کار
办公桌
خط کش
直尺
کتاب
书
شاگرد
学生

بیگ مکتب

书包

قلم دانی

铅笔盒

پنسل

铅笔

پنسل تراش

卷笔刀

پنسل پاک

橡皮擦

کتابچه رسم

画板

نقاشی

图画

برس رنگ زنی

画笔

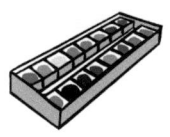

بکسک رنگه

颜料盒

قیچی

剪刀

سریش

胶水

کتاب تمرین

练习册

کار خانگی

家庭作业

12

عدد

数字

2+2

جمع کردن

加

5-2

تفریق کردن

减

2×2

ضرب کردن

乘

حساب کردن

计算

A

حرف

字母

ABCDEFG
HIJKLMN
OPQRSTU
VWXYZ

الفبا

字母表

hello

کلمه

字

متن

课文

خواندن

读

تباشیر

粉笔

درس

上课

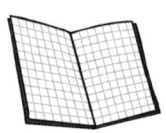

ثبت نام

登记

امتحان

考试

تصدیقنامه

证书

یونیفورم مکتب

校服

تحصیل

教育

دانشنامه

百科全书

پوهنتون

大学

مایکروسکوپ

显微镜

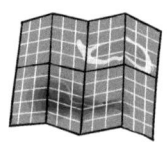

نقشه

地图

سبد کاغذ باطله

废纸筐

سفر

旅行

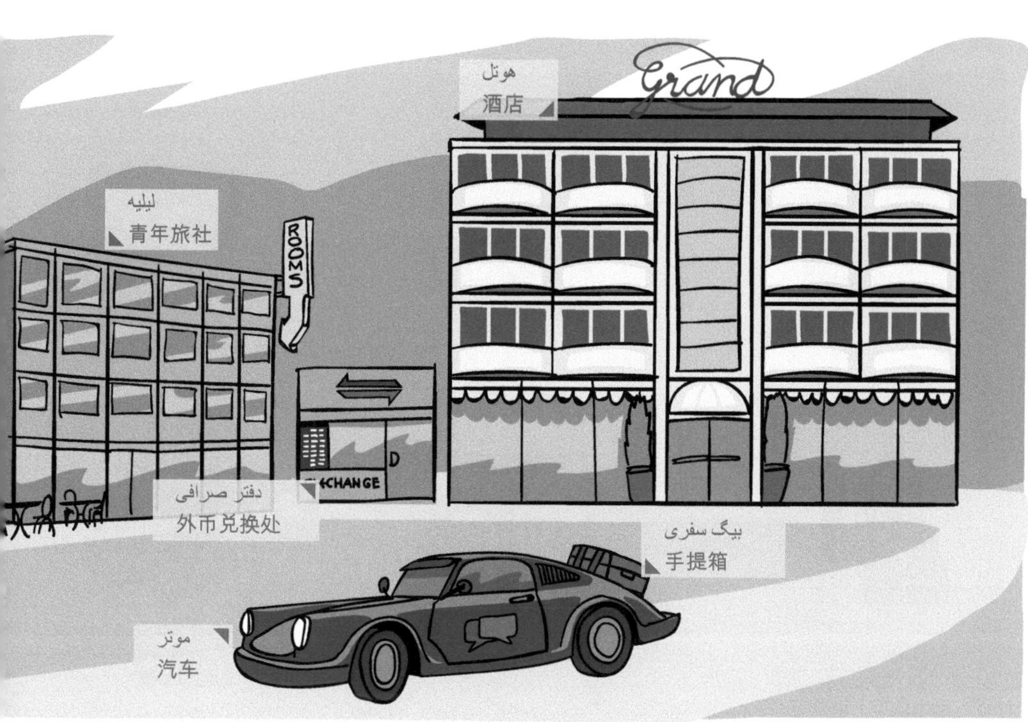
هوتل
酒店
Grand
لیلیه
青年旅社
ROOMS
دفتر صرافی
外币兑换处
EXCHANGE
بیگ سفری
手提箱
موتر
汽车

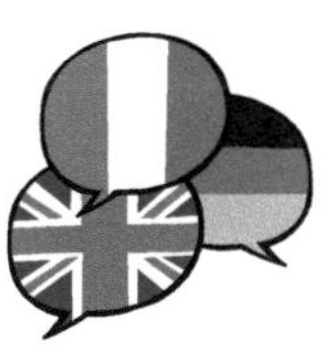

زبان

语言

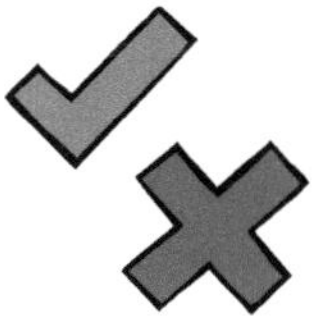

بلی / نخیر

是/否

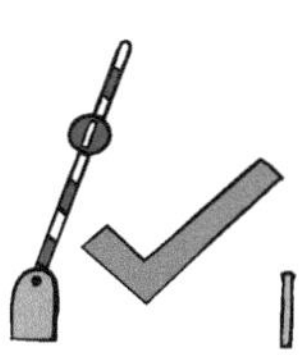

بسیار خوب

好的

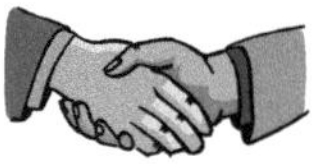

سلام

您好

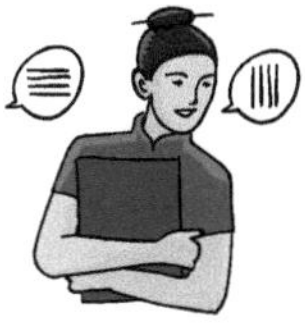

مترجم

翻译员

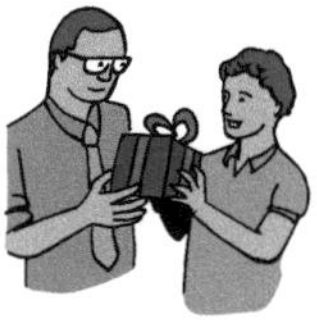

تشکر از شما

谢谢

قیمتش چقدر است؟

……多少钱？

نمی فهمم

我不明白

مشكل

问题

عصر بخیر! / شب بخیر!

晚上好！

صبح بخیر!

早上好！

شب بخیر!

晚安！

خداحافظ

再见

مسیر

方向

بار مسافر

行李

بیگ

包

بیگ پشتکی

双肩包

مهمان

客人

اطاق

房间

بستره خواب سیار

睡袋

خیمه

帐篷

معلومات توریستی

旅游信息

ساحل

海滩

کریدیت کارت

信用卡

صبحانه

早餐

طعام چاشت

午餐

غذای شام

晚餐

تکت

票

لفت

电梯

مهر

邮票

مرز

边界

گمرک

海关

سفارتخانه

大使馆

ویزه

签证

پاسپورت

护照

حمل و نقل

交通运输

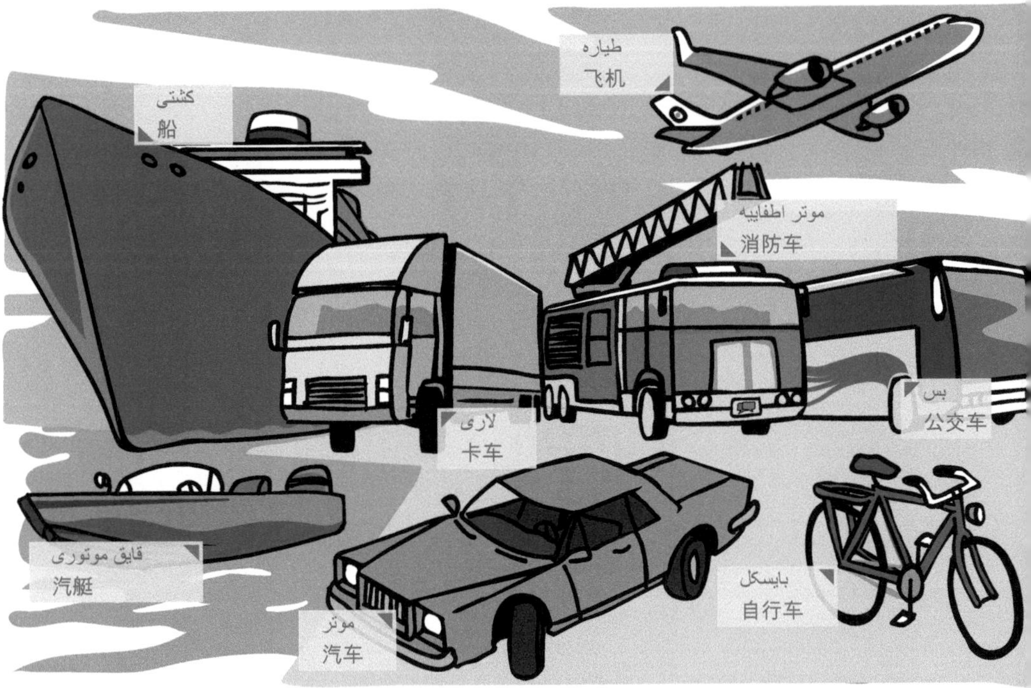
طیاره
飞机
کشتی
船
موتر اطفاییه
消防车
بس
公交车
لاری
卡车
قایق موتوری
汽艇
بایسکل
自行车
موتر
汽车

کشتی

摆渡船

قایق

小船

موترسایکل

摩托车

موتر پولیس

警车

موتر مسابقه

赛车

موتر کرایی

租车

اشتراک وسایط

拼车

جرثقیل

拖车

موتر حمل زباله

垃圾车

موتور

发动机

تیل

汽油

تانک تیل

加油站

علامت ترافیکی

交通标志

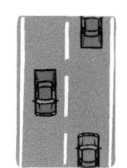

عبور و مرور

交通

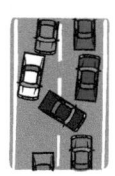

راهبندان

交通堵塞

پارک وسایط

停车场

ایستگاه ریل

火车站

خط ریل

轨道

ریل

火车

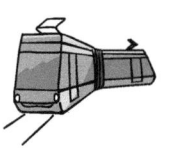

ریل برقی

电车

واگن

货车

هلیکوپتر

直升机

میدان هوایی

机场

برج

塔

مسافر

乘客

کانتینر

集装箱

کارتن

纸板箱

گادی

手推车

سبد

篮子

پرواز کردن / فرود آمدن

起飞/降落

شهر

城市

قریه

村庄

تیاتر شهر

市中心

خانه

房子

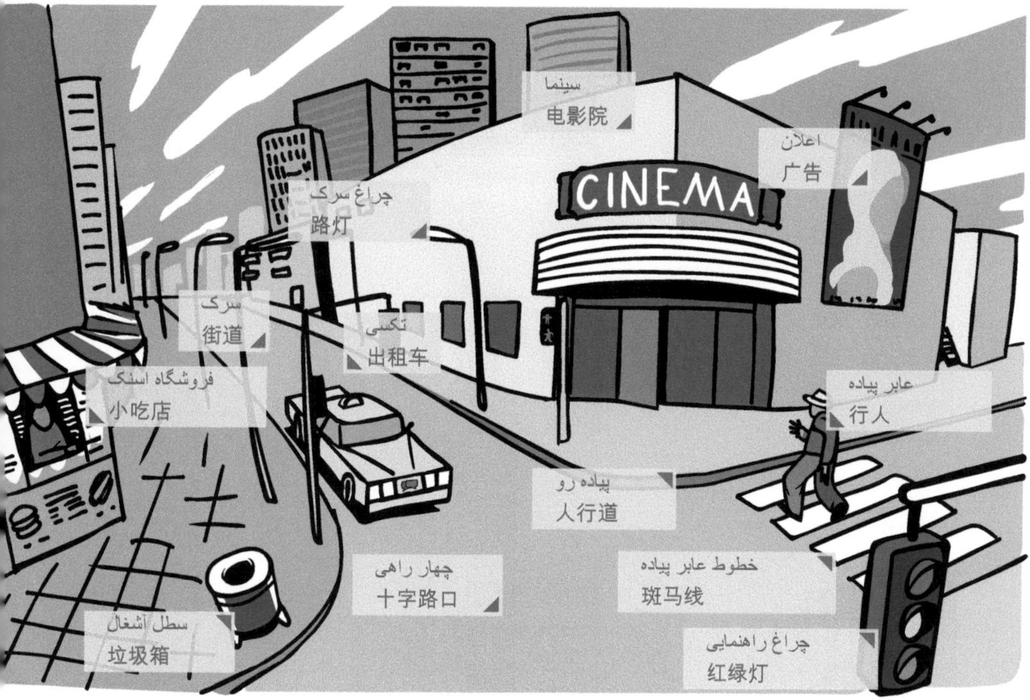
CINEMA
سینما
电影院
اعلان
广告
چراغ سرک
路灯
سرک
街道
تکسی
出租车
فروشگاه اسنک
小吃店
عابر پیاده
行人
پیاده رو
人行道
چهار راهی
十字路口
خطوط عابر پیاده
斑马线
سطل آشغال
垃圾箱
چراغ راهنمایی
红绿灯

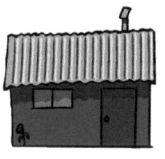

کلبه

小屋

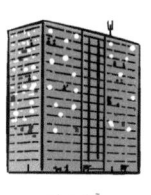

آپارتمان

公寓

ایستگاه ریل

火车站

تالار شهر

市政厅

MUSEUM

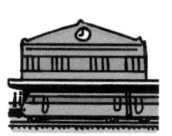

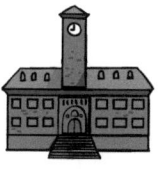

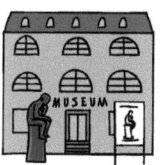

موزیم

博物馆

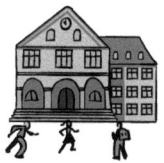

مکتب

学校

پوهنتون

大学

بانک

银行

شفاخانه

医院

هوتل

酒店

دواخانه

药房

دفتر

办公室

کتابفروشی

书店

مغازه

商店

گل فروشی

花店

سوپر مارکیت

超市

فروشگاه

市场

فروشگاه

百货商店

ماهی فروشی

鱼店

مرکز خرید

购物中心

بندر

海港

پارک

公园

دراز چوکی

长凳

پل

桥

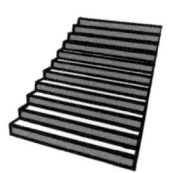

زینه ها

楼梯

مترو

地铁

تونل

隧道

ایستگاه بس

公交车站

میخانه

酒吧

رستورانت

餐馆

صندوق پست

邮筒

علامت سرک

路标

ماشین پارکو متر

停车计时器

باغ وحش

动物园

حوض آببازی

游泳馆

مسجد

清真寺

مزرعه
农场

آلوده گی
污染

قبرستان
墓地

کلیسا
教堂

میدان بازی
操场

معبد
寺庙

چشم انداز
地形

برگ
树叶

لوحه
指示牌

راه
路

علفزار
草地

سنگ
石头

درخت
树

کوهنورد
徒步旅行者

دریا
河

علف
草

گل
花

دره
....
峡谷

تپه
....
山

دریاچه
....
湖

جنگل
....
森林

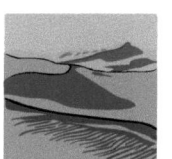

صحرا
....
沙漠

آتشفشان
....
火山

قلعه
....
城堡

رنگین کمان
....
彩虹

سمارق
....
蘑菇

درخت آلو
....
棕榈树

پشه
....
蚊子

مگس
....
苍蝇

مورچه
....
蚂蚁

زنبور
....
蜜蜂

عنکبوت
....
蜘蛛

قانغوزک

甲虫

بقه

青蛙

موش خرما

松鼠

خارپشت

刺猬

خرگوش صحرایی

野兔

بوم

猫头鹰

پرنده

鸟

مرغابی

天鹅

خوک وحشی

野猪

گوزن

鹿

گوزن شمالی

麋鹿

بند آب

水坝

توربین بادی

风力发电机

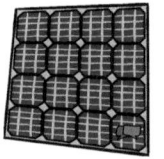

صفحه خورشیدی

太阳能电池板

آب و هوا

气候

رستورانت

餐馆

پیشخدمت
服务员
مینوی غذا
菜单
چوکی
椅子
سوپ
汤
پیتزا
披萨饼
روی میزی
桌布
قاشق و پنجه و کارد

پیش غذا

前菜

غذای اصلی

主菜

شرینی

甜点

نوشیدنی ها

饮料

غذا

食物

بوتل

瓶子

فاست فود

快餐

غذای کنار سرک

街边小吃

چاینک/ترموز

茶壶

قندانی

糖盒

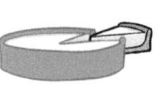

بخش غذا

一份饭菜

دستگاه اسپرسو

意式咖啡机

چوکی بلند

高脚椅

بل

账单

پطنوس

托盘

چاقو

刀

پنجه

餐叉

قاشق

勺子

قاشق چای خوری

茶匙

دستپاک دسترخوان یا میز

餐巾

گیلاس

玻璃杯

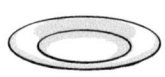

بشقاب

碟子

بشقاب سوپ

汤盘

نعلبکی

碟子

چتنی

酱

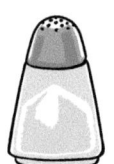

نمکدان

盐瓶

آسیاب مرچ

胡椒磨

سرکه

醋

روغن خوراکی

食用油

ادویه

调味料

کچاپ

番茄酱

ساس خردل

芥末

مایونز

蛋黄酱

سوپر مارکیت
超市

پیشنهاد خاص
特价
FOR
مشتری
顾客
لبنیات
乳制品
میوه
水果
چرخ دستی
购物车

قصابی
肉铺

نانوایی
面包房

وزن کردن
称重

سبزیجات
蔬菜

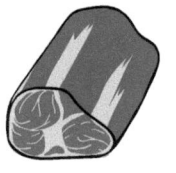

گوشت
肉

غذای منجمد
冷冻食品

غذای سرد

冷盘

غذای کنسر شده

罐头食品

پودر رختشویی

洗衣粉

شیرینی

甜食

لوازم خانگی

日用品

محصولات پاک کننده

清洁用品

فروشنده

销售员

دخل پیسه

收银机

صندوقدار

收银员

لست خرید

购物清单

ساعات کاری

开放时间

بکسک جیبی

钱包

کریدیت کارت

信用卡

بیگ

袋子

بیگ پلاستیکی

塑料袋

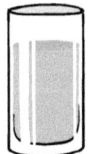

نوشیدنی ها
饮料

آب

水

جوس

果汁

شیر

牛奶

نوشابه

可乐

شراب

红酒

بیر

啤酒

الکول

酒

کگو

可可

چای

茶

قهوه

咖啡

اسپرسو

意式浓缩咖啡

کاپوچینو

卡布奇诺

غذا

食物

کیله

香蕉

سیب

苹果

مالته

橙子

تربوز

西瓜

لیمو

柠檬

زردگ

胡萝卜

سیر

大蒜

چوب خیزران

竹子

پیاز

洋葱

سمارق

蘑菇

مغزیات

坚果

آش

面条

مکرونی

意大利面条

برنج

米饭

سلاد

沙拉

چیپس

薯条

کچالو سرخ کرده

炸土豆

پیتزا

披萨饼

همبرگر

汉堡包

ساندویچ

三明治

کتلت

炸猪排

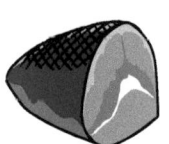

همبرگر

火腿

سالامی

萨拉米

ساسج

香肠

مرغ

鸡肉

کباب

烤肉

ماهی

鱼

فرنی جو

燕麦片

صبحانه رژیمی

穆兹利

کورن فلکس

玉米片

آرد

面粉

کروسانت

羊角面包

قرص نان

面包卷

نان خشک

面包

توست / نان بریان

烤面包

بیسکیت

饼干

مسکه

黄油

چکه

凝乳

کیک

蛋糕

تخم مرغ

蛋

تخم مرغ سرخ شده

煎蛋

پنیر

奶酪

آيسكريم

冰激凌

شكر

糖

عسل

蜂蜜

مربا

果酱

مسكه چاكليت

巧克力酱

زردچوبه هندى

咖喱饭

غذا - 食物

مزرعه
农场

گودام غله
粮仓
خرمن گاه
稻草捆
زمین زراعتی
田野
اسب
马
تریلر
拖车
تراکتور
拖拉机
کره اسب
马驹
خر
驴
گوسفند
羊
بره
羔羊

بز
山羊

گاو
奶牛

گوساله
牛犊

خوک
猪

خوکچه
小猪

گاو نر
公牛

قاز

鹅

مرغابی

鸭

چوچه مرغ

小鸡

مرغ

母鸡

خروس

公鸡

موش صحرایی

鼠

پیشک

猫

موش

老鼠

گاومیش

牛

سگ

狗

خانه سگ

狗屋

خانه باغ

花园浇水软管

آبپاش

洒水壶

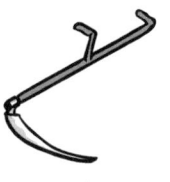

داس

长柄大镰刀

قولبه کردن

犁

داس

镰刀

کج بیل

锄头

چنگال باغبانی

长柄草耙

تبر

斧头

کراچی

独轮手推车

تغار

饲料槽

قوطی شیر

牛奶罐

بوجی

麻布袋

دیوار مرزی از چوب یا سیم خار دار

栅栏

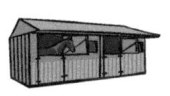

پایدار

马厩

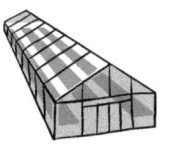

گلخانه

温室

خاک

土壤

تخم

种子

کود

肥料

ماشین درو وخرمنکوبی

联合收割机

درو کردن

收割

درو

收割

کچالو شرین

山药

گندم

小麦

سویا

大豆

کچالو

土豆

جواری

玉米

کلزا

油菜籽

درخت میوه

果树

مانیوک

树薯

غلات و حبوبات

谷物

خانه
房子

دودکش
烟囱
پشت بام
屋顶
آب رو
落水管
کلکین
窗户
زنگ دروازه
门铃
گراج
车库
دروازه
门
سطل زباله
垃圾桶
صندوق نامه
信箱
باغچه
花园

اطاق نشیمن

客厅

حمام / دستشویی

浴室

آشپزخانه

厨房

اطاق خواب

卧室

اطاق اطفال

儿童房

اطاق پذیرایی

餐厅

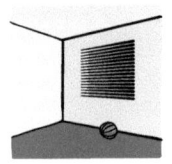

كف زمين

地板

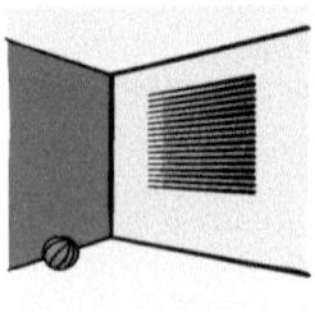

ديوار

墙壁

سقف

吊顶

گودام زير زمينى

地窖

سونا

桑拿

بالكن

阳台

برنده / بالكن

露台

حوض

游泳池

ماشين درو كردن چمن

割草机

ورق كاغذ

被单

روجايى

床罩

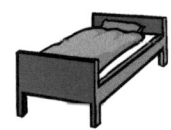

تختخواب

床

جارو

扫帚

سطل

水桶

سويچ

开关

اطاق نشیمن
客厅

کاغذ دیواری
壁纸
تصویر
照片
چراغ
台灯
قفسه
搁架
کابینت
橱柜
تلویزیون
电视机
بخاری دیواری
壁炉
گل
花
بالشت
垫子
کوچ
沙发
گلدان
花瓶
ریموت کنترول
遥控器

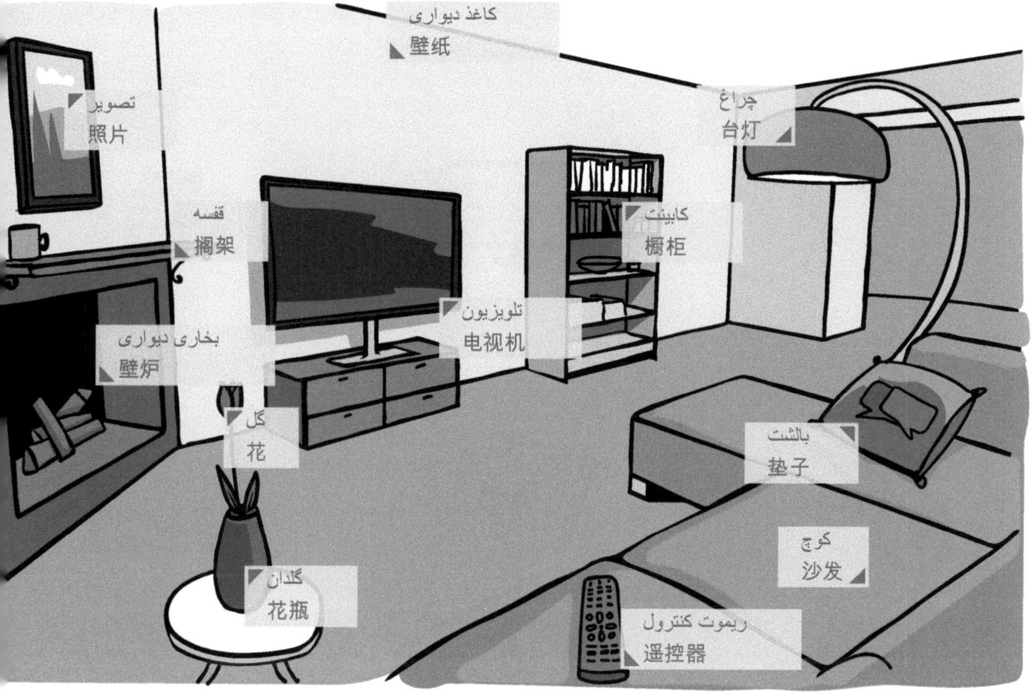

فرش
地毯

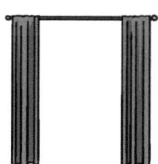

پرده
窗帘

میز
餐桌

چوکی
椅子

چوکی گهواره یی
摇椅

چوکی دسته دار
扶手椅

كتاب

书

كمپل

毯子

دكوراسيون

装饰品

هيزم

木柴

فلم

电影

سيستم های فای

高保真音响

كليد

钥匙

روزنامه

报纸

تابلوی نقاشی

油画

پوستر

海报

راديو

收音机

دفتر

笔记本

جاروبرقی

吸尘器

كاكتوس

仙人掌

شمع

蜡烛

آشپزخانه
厨房

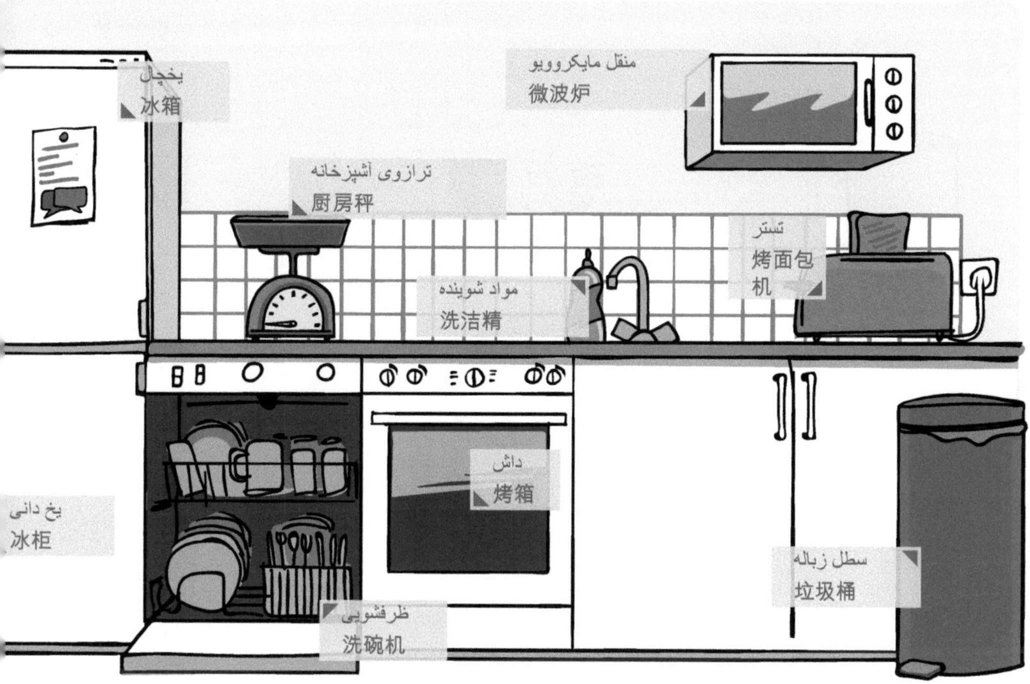
یخچال
冰箱
منقل مایکروویو
微波炉
ترازوی آشپزخانه
厨房秤
تستر
烤面包机
مواد شوینده
洗洁精
داش
烤箱
یخ دانی
冰柜
سطل زباله
垃圾桶
ظرفشویی
洗碗机

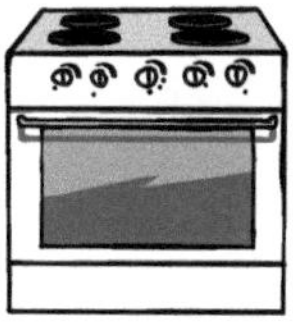

منقل
炊具

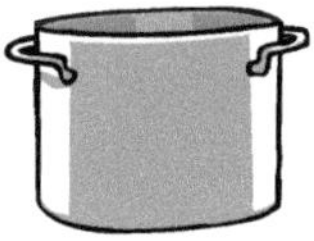

دیگ
锅

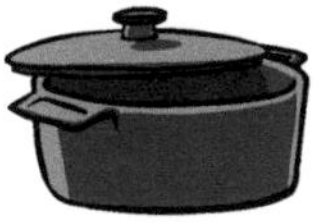

دیگ چدنی
铸铁锅

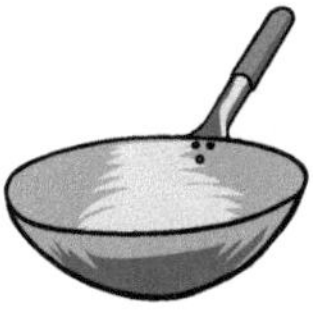

کراهی
炒锅

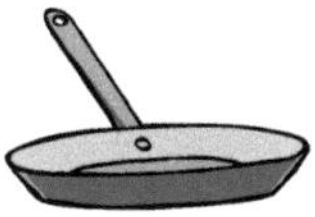

تابه
平底锅

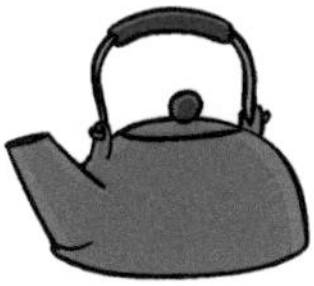

چای جوش
水壶

بخارپز

蒸锅

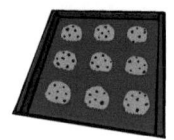

پطنوس طباخی

烤盘

ظروف

陶瓷锅

پیاله کلان

马克杯

کاسه

碗

چاپستیک ها

筷子

ملاقه

长柄勺

کفگیر

铲子

مخلوط کننده

搅拌器

چلو صاف

滤网

غلبیل

筛子

رنده

磨碎机

هاونگ

研钵

بار بیکیو

烧烤

آتش باز

明火

تخته برش

菜板

آشگز

擀面杖

سر بازکن

开瓶器

قوطی

罐子

سر باز کن

开罐器

دستگیره تکه ای

隔热手套

ظرف شویی

水槽

برس ظرف شویی

刷子

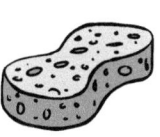

اسفنج

海绵

مخلوط کن

搅拌机

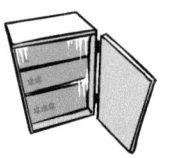

فریزر

冷藏箱

شیر چوشک اطفال

奶瓶

نل آب

水龙头

حمام / دستشویی

浴室

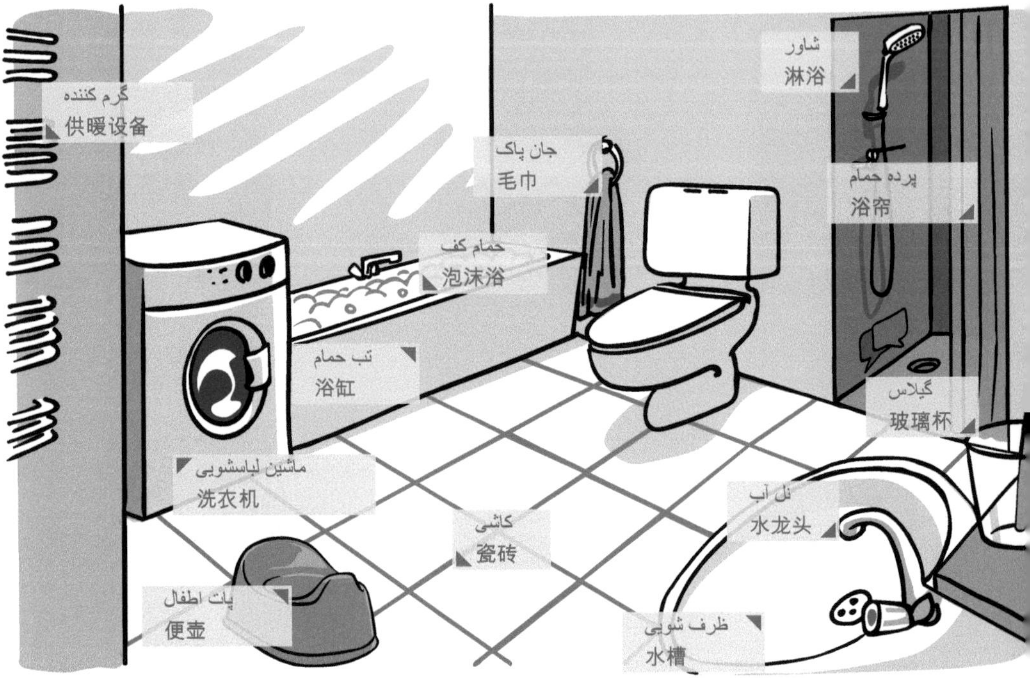
گرم کننده
供暖设备
جان پاک
毛巾
شاور
淋浴
پرده حمام
浴帘
حمام کف
泡沫浴
تب حمام
浴缸
گیلاس
玻璃杯
ماشین لباسشویی
洗衣机
نل آب
水龙头
کاشی
瓷砖
پات اطفال
便壶
ظرف شویی
水槽

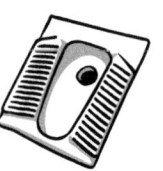

تشناب

厕所

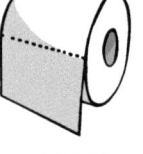

کمود فرشی

蹲便器

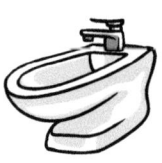

کمود

坐浴器

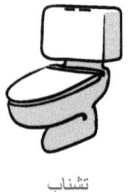

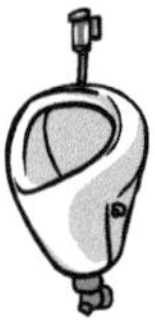

تشناب مرد ها

小便池

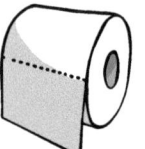

کاغذ تشناب

厕纸

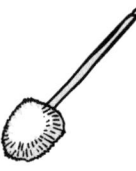

برس کمود

马桶刷

برس دندان

牙刷

کریم دندان

牙膏

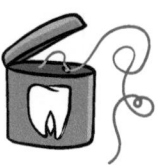

نخ دندان

牙线

شستن

洗

شاور دستی

手持式喷淋头

شاور کمود

冲洗器

دستشویی

洗脸盆

برس پشت

擦背刷

صابون

肥皂

جل حمام

沐浴露

شامپو

洗发水

لیف

法兰绒

آب رو

排水

کریم

乳霜

بوزدا

除臭剂

آینه

镜子

آینه دستی

手镜

ریش تراش

剃须刀

کف ریش تراشی

剃须泡沫

کلونیا

须后水

شانه موی

梳子

برس

刷子

سشوار

吹风机

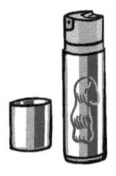

اسپری مو

喷发定型剂

آرایش

化妆品

لب سرین

唇膏

رنگ ناخن

指甲油

پشم پنبه

化妆棉

ناخن گیر

指甲剪

عطر

香水

کیسه شستشو

洗漱包

چوکی چار پایه

凳子

ترازوی وزن

计重秤

جان پاک

浴袍

دستکش پلاستیکی

橡胶手套

تامپون

卫生棉条

کوتکس

卫生巾

تشناب سیار

化学厕所

اطاق اطفال

儿童房

ساعت زنگ دار
闹钟
گدی های نرم
毛绒玩具
موتر سامان بازی
玩具车
جرنگانه
拨浪鼓
خانه گدی
玩具屋
هدیه
礼物

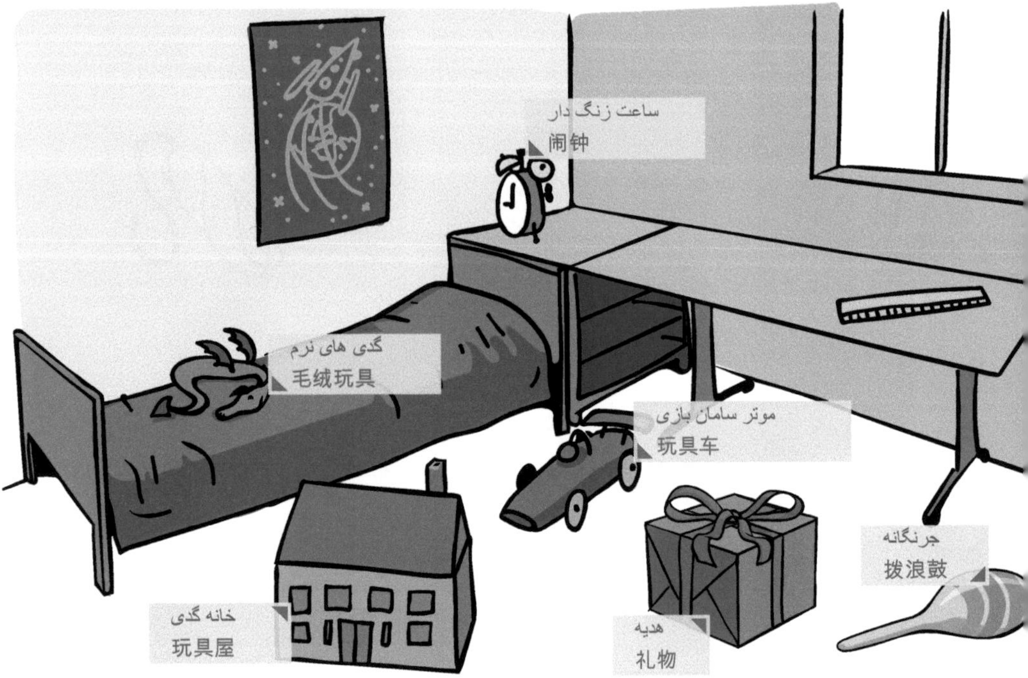

پوقانه

气球

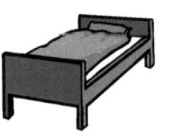

تختخواب

床

ریکشه اطفال

(洋娃娃用) 婴儿车

قطعه بازی

扑克牌

پازل

拼图

خنده آور

漫画

خشت های لگو

乐高积木

بلوک های سامان بازی

积木玩具

پچه فلم

玩具人

لباس طفل

婴儿服

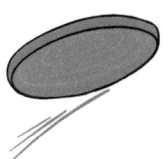

فریزبی

飞盘

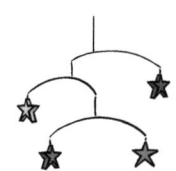

سامان بازی که روی تخت خواب اطفال
اویزان می شود

床铃玩具

بازی تخته یی

棋盘游戏

تاس

骰子

ریل اسباب بازی

火车模型

چوشک

安抚奶嘴

مهمانی

聚会

کتاب تصویری

绘本

توپ

球

گدیگک

洋娃娃

بازی کردن

玩

جعبه ریگ

沙坑

گاز

秋千

اسباب بازی

玩具

کنسول بازی کمپیوتری

游戏机

سه چرخه

三轮车

خرس سامان بازی

泰迪熊

الماری لباس

衣柜

لباس

衣服

جوراب

袜子

جوراب دراز

长袜

برجس

紧身裤

چادر سر
围巾

چتری
雨伞

بلوز
T恤

کمربند
皮带

بوت
靴子

چپلک
拖鞋

کرمچ
运动鞋

چپلی
凉鞋

بوت
鞋

موزه پلاستیکی
雨靴

نیکر
内裤

واسکت زنانه
胸罩

واسکت
背心

بدن

身体

برزو

裤子

پتلون کاوبای

牛仔裤

دامن

短裙

بلوز

女式衬衫

پیراهن

衬衫

یالان

套头衫

جاکت کلاه دار

卫衣

جاکت

西装夹克

چمپر

夹克

کورتی

外套

کوت بارانی

雨衣

لباس مخصوص مراسم

套装

پیراهن

连衣裙

لباس عروسی

婚纱

دریشی
西装

لباس خواب
睡袍

پاجامه
睡衣

ساری
莎丽

چادر سر
头巾

لنگی
包头巾

چادری
波卡

كفتان
卡夫坦

چادر
(阿拉伯式)长袍长袍

لباس آببازی
泳衣

نیکر پاچه دار
男式泳裤

پتلون نصفه
短裤

لباس ورزشی
运动服

پیش بند
围裙

دستکش
手套

دکمه

纽扣

عینک

眼镜

دستبند

手链

گردن بند

项链

انگشتر

戒指

گوشواره

耳环

کلاه پیک دار

便帽

کوت بند

衣架

کلاه

帽子

نیکتایی

领带

زیپ

拉链

کلاه مصون

头盔

بند تنبان

背带

یونیفورم مکتب

校服

یونیفورم

制服

پیش بند

围兜

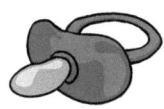

چوشک

安抚奶嘴

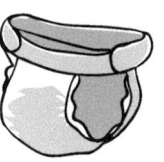

پمپر

尿不湿

دفتر

办公室

سرور
服务器
الماری اسناد
文件柜
پرینتر
打印机
کاغذ
纸
مانیتور
显示屏
ماوس
鼠标
میز کار
فولدر
文件夹
کیبورد
键盘
سبد کاغذ باطله
废纸篓
کمپیوتر
电脑
چوکی
椅子

گیلاس قهوه

咖啡杯

ماشین حساب

计算器

اینترنت

因特网

لپ تاپ

笔记本电脑

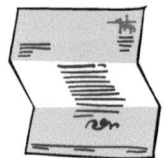

نامه

信件

پیام

消息

موبایل

手机

شبکه

网络

ماشین فوتوکاپی

复印机

نرم افزار

软件

تلیفون

电话

پلک

插座

دستگاه فکس

传真机

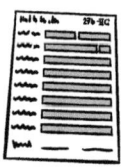

فورمه

表格

سند

文件

اقتصاد
经济

خرید کردن

买

پرداختن

付钱

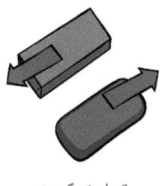

تجارت کردن

交易

پول

现金

دالر

美元

یورو

欧元

ین

日元

روبل

卢布

فرانک سوئیس

瑞士法郎

یوان رنمینبی

人民币

روپیه

卢比

خودپرداز

提款处

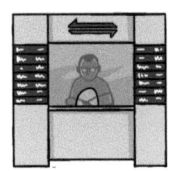

دفتر صرافی

外币兑换处

طلا

金

نقره

银

نفت

石油

انرژی

能源

قیمت

价格

قرارداد

合同

مالیات

税金

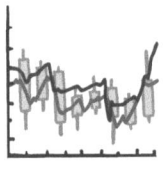

سهام

股票

کار کردن

工作

کارمند

职员

استخدام کننده

老板

فابریکه

工厂

مغازه

商店

شغل ها
职业

آتش نشان
消防员
افسر پولیس
警官
آشپز
厨师
داکتر
医生
پیلوت
飞行员

باغبان

园丁

نجار

木匠

خیاط

裁缝

قاضی

法官

کیمیا دان

化学家

بازیگر

演员

راننده بس

公交车司机

راننده تکسی

出租车司机

ماهیگیر

渔夫

خدمه

清洁女工

سقف ساز

屋顶工

پیشخدمت

服务员

شکارچی

猎人

نقاش

画家

نانوا

面包师

برقی

电工

بنا

建筑工人

انجنیر

工程师

قصاب

屠夫

نلدوان

水管工

پستچی

邮递员

سرباز

士兵

معمار

建筑师

صندوقدار

收银员

گل فروش

花农

آرایشگر

理发师

مامور تکت ریل

售票员

میخانیک

机械师

کاپیتان

船长

داکتر دندان

牙医

دانشمند

科学家

خاخام/ عالم یهودی

拉比

امام

伊玛目

راهب

和尚

ملا

牧师

ابزار

工具

چکش
铁锤
پلاس
钳子
پیچ کش
螺丝刀
رینچ
扳手
چراغ دستی
手电筒

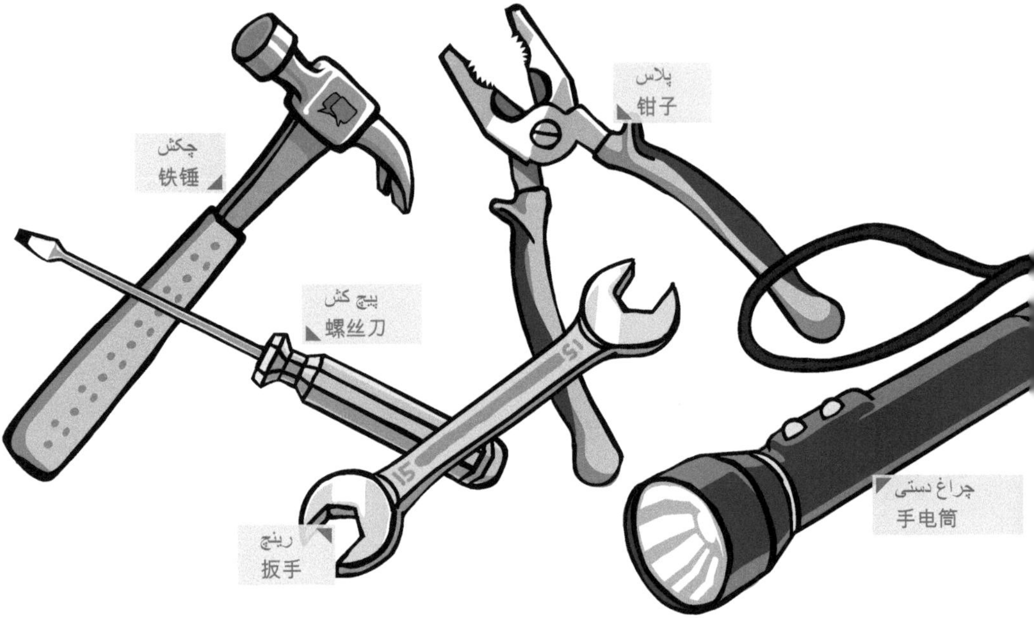

ماشین حفاری

挖掘机

جعبه ابزار

工具箱

زینه

梯子

اره

锯子

میخ

钉子

برمه

钻机

ترمیم کردن
修

بیل
铲子

لعنتى!
靠！

خاکروبه
簸箕

سطل رنگ
油漆桶

پیچ
螺丝

آلات موسیقی
乐器

بلندگو
扬声器

درام کیت
打击乐器 ◀

گیتار
吉他 ◀

کنترباس
低音提琴 ◀

ترومپت
小号

پیانو

钢琴

وایلن

小提琴

گیتار بیس

贝斯

دهل

定音鼓

دول

鼓

پیانوی برقی

电子琴

ساکسوفون

萨克斯管

توله

长笛

میکروفون

麦克风

باغ وحش
动物园

ورودی
入口
ببر
老虎
قفس
笼子
گوره خر
斑马
غذای حیوانات
پاندا
熊猫

حیوانات

动物

فیل

大象

کانگورو

袋鼠

غژ گاو

犀牛

گوریلا

大猩猩

خرس

熊

شتر

骆驼

شترمرغ

鸵鸟

شیر

狮子

میمون

猴子

فلامینگو

火烈鸟

طوطی

鹦鹉

خرس قطبی

北极熊

پنگوئن

企鹅

کوسه

鲨鱼

طاووس

孔雀

مار

蛇

تمسا

鳄鱼

نگهبان باغ وحش

动物园管理员

سگ آبی

海豹

پلنگ خالدار امریکایی

美洲豹

اسب کوچک

矮种马

پلنگ

豹

اسب آبی

河马

زرافه

长颈鹿

عقاب

老鹰

خوک وحشی

野猪

ماهی

鱼

سنگ پشت

龟

شیر دریایی

海象

روباه

狐狸

غزال

羚羊

ورزش ها

体育

فوتبال امریکایی
橄榄球
بایسکل سواری
骑自行车
تنیس
网球
باسکتبال
篮球
آب بازی
游泳
هاکی روی یخ
冰球
بوکس
拳击

فوتبال

英式足球

بدمینتون

羽毛球

ورزشکاری

田径

هندبال

手球

اسکی

滑雪

پولو

马球

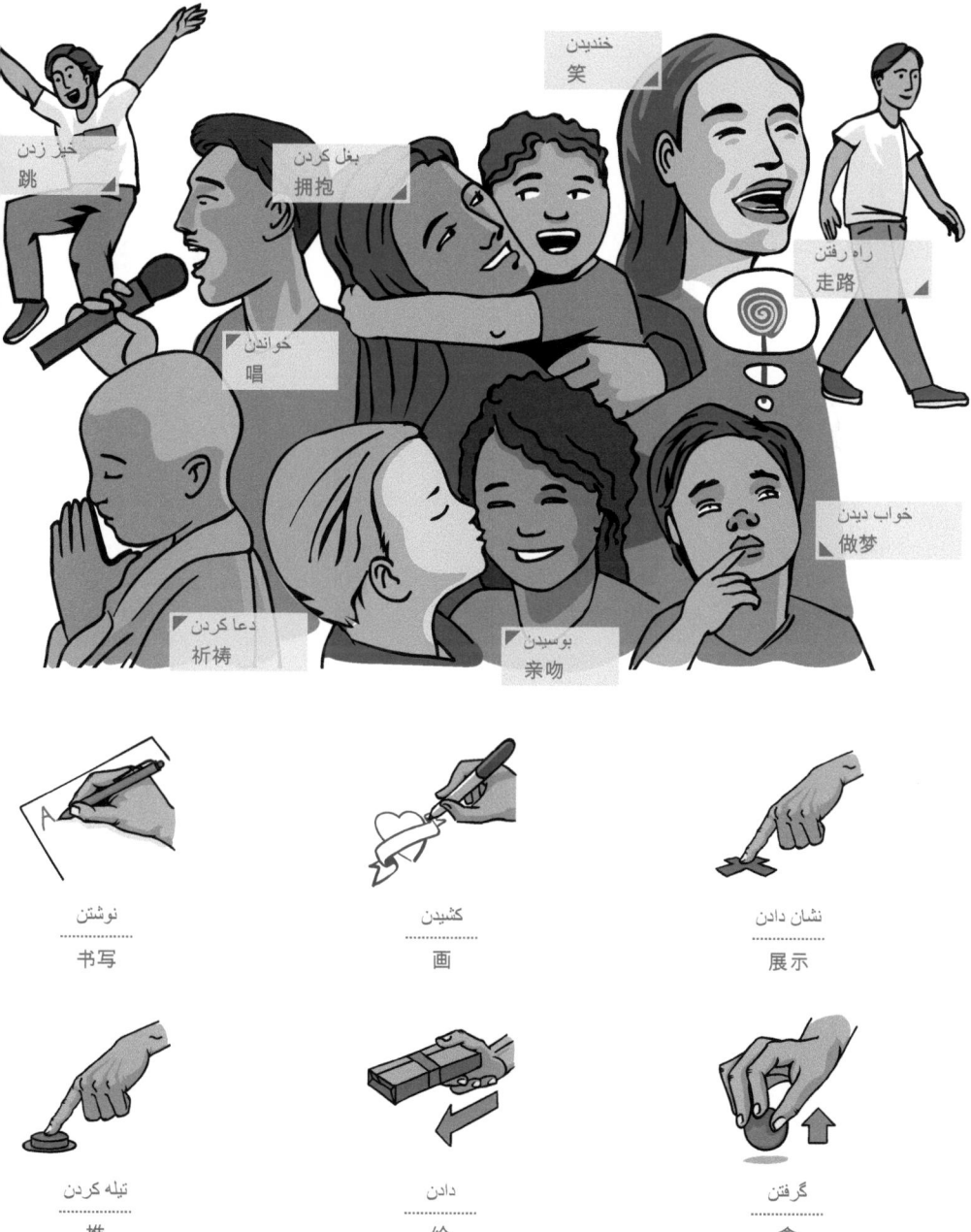

فعالیت ها

活动

خیز زدن
跳
بغل کردن
拥抱
خندیدن
笑
راه رفتن
走路
خواندن
唱
خواب دیدن
做梦
دعا کردن
祈祷
بوسیدن
亲吻

نوشتن

书写

کشیدن

画

نشان دادن

展示

تیله کردن

推

دادن

给

گرفتن

拿

داشتن
有

انجام دادن
做

بودن
当

ایستادن
站

دویدن
跑

کش کردن
拉

پرتاب کردن
扔

افتادن
摔倒

دروغ گفتن
躺

صبر کردن
等待

حمل کردن
携带

نشستن
坐

لباس پوشیدن
穿衣

خوابیدن
睡觉

بیدار شدن
醒来

نگاه کردن

看

گریه کردن

哭

ضربه زدن

抚摸

شانه کردن

梳头

صحبت کردن

交谈

فهمیدن

明白

پرسیدن

问

گوش دادن

听

نوشیدن

喝

خوردن

吃

مرتب کردن

清理

عشق ورزیدن

爱

پختن

做饭

راننده گی کردن

开车

پرواز کردن

飞

روی آب حرکت کردن

航行

حساب کردن

计算

خواندن

读

یاد گرفتن

学习

کار کردن

工作

ازدواج کردن

结婚

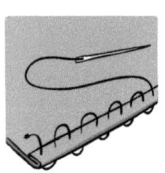

دوختن

缝

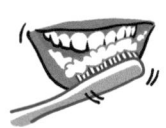

برس کردن دندان ها

刷牙

کشتن

杀

سگریت کشیدن

抽烟

فرستادن

寄

فامیل
家

مادرکلان
祖母
پدرکلان
祖父
پدر
父亲
مادر
母亲
نوزاد
婴童
دختر
女儿
پسر
儿子

مهمان

客人

عمه / خاله

阿姨

ماما/کاکا

叔叔

برادر

兄弟

خواهر

姐妹

بدن

身体

پیشانی
前额
چشم
眼睛
شانه
肩膀
انگشت
手指
روی
脸
زنخ
下巴
دست
手
سینه
乳房
پا
腿
بازو
手臂

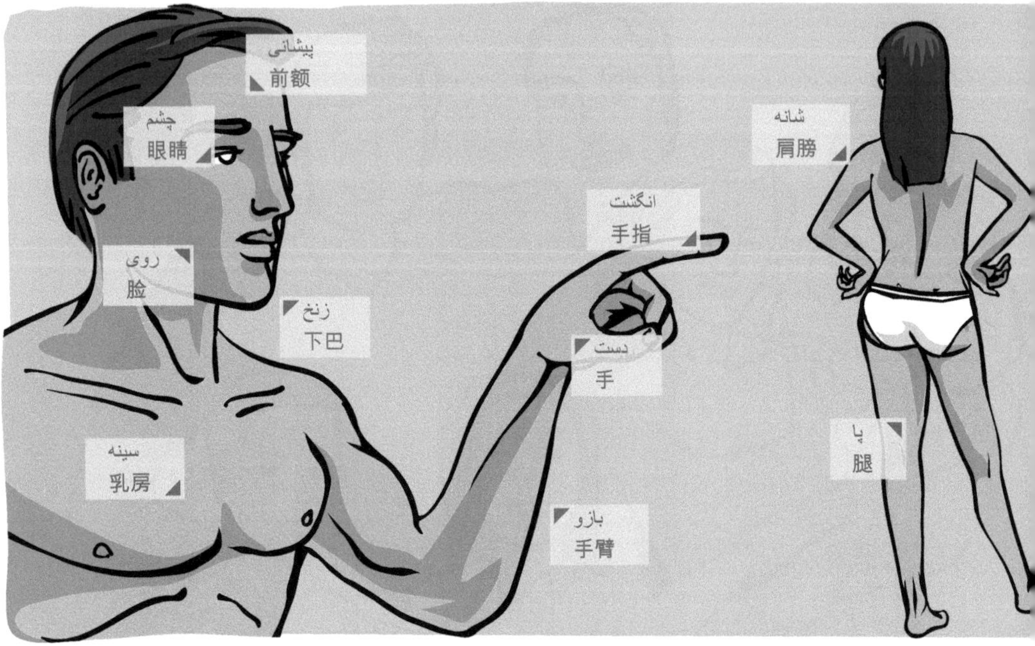

نوزاد

婴童

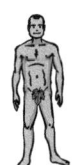

مرد

男人

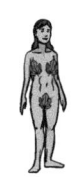

زن

女人

دختر

女孩

پسر

男孩

سر

头

كمر

背部

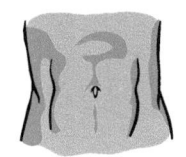

شكم

肚子

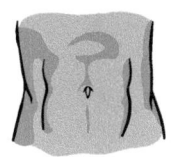

ناف

肚脐

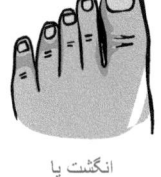

انگشت پا

脚趾

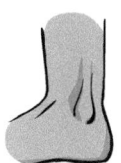

کوری پای

脚后跟

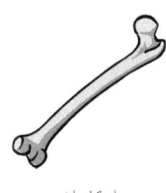

استخوان

骨头

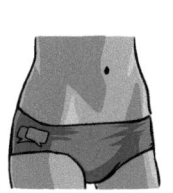

كمر

臀部

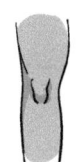

زانو

膝盖

آرنج

手肘

بینی

鼻子

سرین

屁股

پوست

皮肤

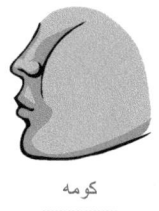

کومه

脸颊

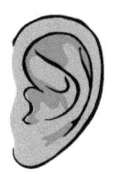

گوش

耳朵

لب

嘴唇

دهان

嘴

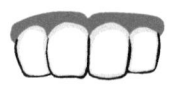

دندان

牙齿

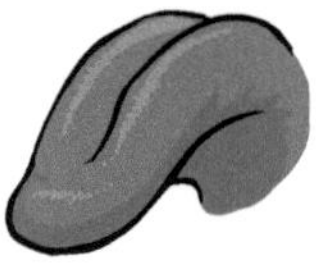

زبان

舌头

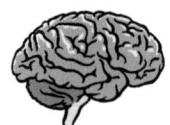

مغز

脑

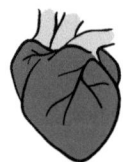

قلب

心脏

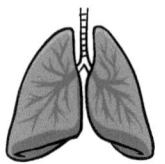

عضله

肌肉

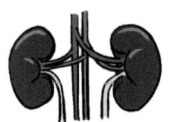

شش

肺

جگر

肝脏

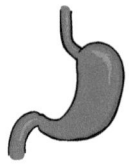

معده

胃

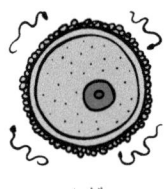

گرده

肾脏

رابطه جنسی

性交

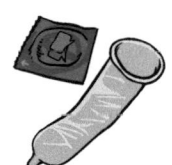

كاندوم

避孕套

تخمه

卵子

آب منی

精子

حاملگی

怀孕

70 بدن - 身体

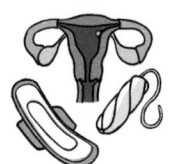

قاعده گی

月经

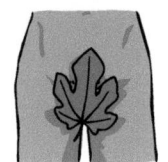

مجرای تناسلی زن

阴道

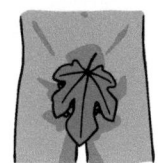

آلت تناسلی مرد

阴茎

ابرو

眉毛

مو

头发

گردن

脖子

شفاخانه

医院

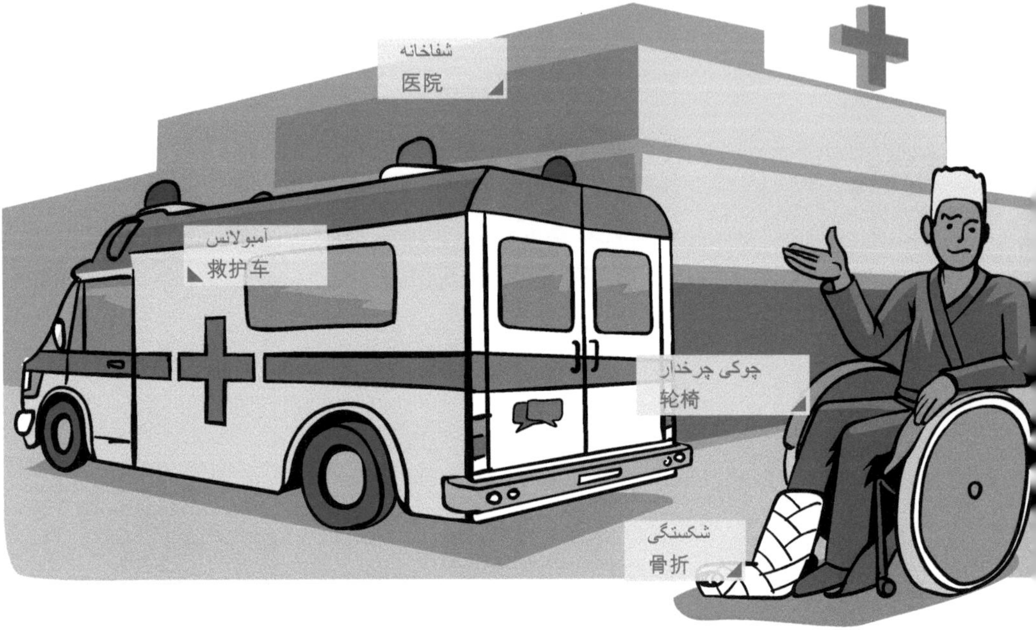

شفاخانه
医院
آمبولانس
救护车
چوکی چرخدار
轮椅
شکستگی
骨折

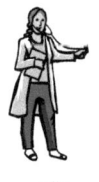

داکتر

医生

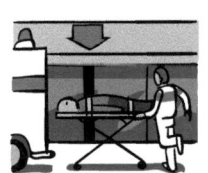

اطاق عاجل

急诊室

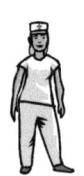

نرس

护士

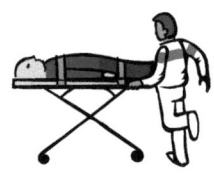

عاجل

紧急情况

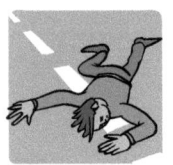

بیهوش

昏迷

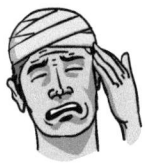

درد

痛

جراحت

受伤

خونریزی

出血

حمله قلبی

心脏病发作

سکته مغزی

中风

حساسیت

过敏

سرفه

咳嗽

تب

发烧

انفلوانزا

流感

اسهال

腹泻

سردرد

头痛

سرطان

癌症

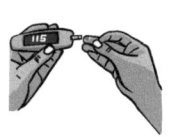

شکر

糖尿病

جراح

外科医生

چاقوی جراحی

手术刀

عملیات

手术

سی تی

CT

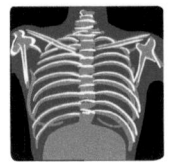

ایکسری

X光

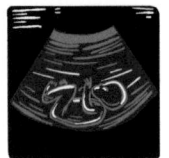

سونوگرافی

超声波

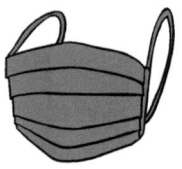

ماسک روی

口罩

مریضی

疾病

اطاق انتظار

候诊室

عصا

拐杖

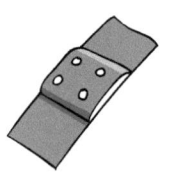

گچ

石膏

پانسمان

绷带

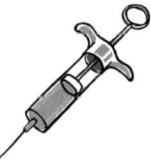

تزریق

注射

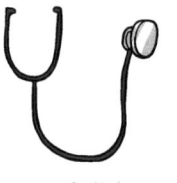

استاتسکوپ

听诊器

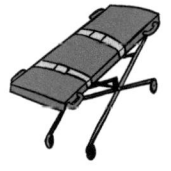

تذکره

担架

ترمامیتر کلینیکی

体温计

تولد

出生

اضافه وزن

超重

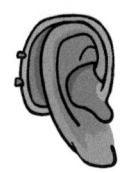

سمعک

助听器

ضدعفونی کننده

消毒液

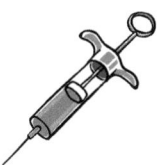

عفونت

感染

وایروس

病毒

اچ آی وی / ایدز

艾滋病

ادویه

药物

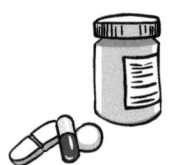

واکسیناسیون

接种疫苗

تابلیت ها

药片

تابلیت

药丸

تماس اضطراری

急救电话

مانیتور فشار خون

血压计

بیمار / سالم

生病/健康

شفاخانه - 医院

عاجل

紧急情况

!کمک

救命！

زنگ هشدار

警报

تجاوز

突击

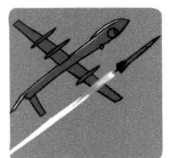

حمله

攻击

خطر

危险

خروج اضطراری

紧急出口

!آتش

着火啦！

آله ضد حریق

灭火器

حادثه

意外

بکسه کمک های اولیه

急救箱

پیام اضطراری

呼救信号

پولیس

警察

زمین

地球

اروپا

欧洲

امریکای شمالی

北美洲

امریکای جنوبی

南美洲

آفریقا

非洲

آسیا

亚洲

استرالیا

澳洲

اقیانوس اطلس

大西洋

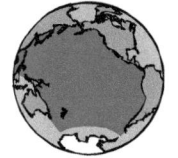

اقیانوس آرام

太平洋

اقیانوس هند

印度洋

اقیانوس منجمد جنوبی

南冰洋

اقیانوس منجمد شمالی

北冰洋

قطب شمال

北极

قطب جنوب

南极

قاره قطب جنوب

南极洲

زمین

地球

خشکی

陆地

دریا

海

جزیره

岛

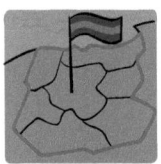

ملت

国家

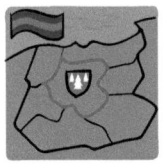

کشور

国家

ساعت
钟表

روی ساعت

....

钟面

عقربه ساعت شمار

....

时针

عقربه دقیقه شمار

....

分针

عقربه ثانیه شمار

....

秒针

ساعت چند است؟

....

现在几点？

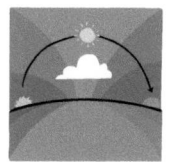

روز

....

天

زمان

....

时间

اکنون

....

现在

ساعت دستی دیجیتل

....

电子表

دقیقه

....

分

ساعت

....

时

هفته
周

دیروز
....
昨天

امروز
....
今天

فردا
....
明天

صبح
....
早晨

ظهر
....
中午

غروب
....
晚上

روزهای کاری
....
工作日

آخر هفته
....
周末

سال

年

باران
雨
رنگین کمان
彩虹
شمال
风
برف
雪
بهار
春
خزان
秋
تابستان
夏
زمستان
冬

پیش بینی آب و هوا

天气预报

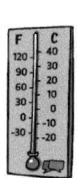

ترمامیتر

温度计

آفتاب

阳光

ابر

云

غبار

雾

رطوبت

潮湿

رعد و برق

闪电

الماسک

打雷

طوفان

风暴

ژاله

冰雹

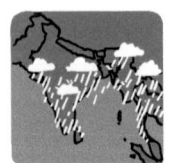

موسم بارندگی

季风

سیل

洪水

یخ

冰

جنوری

一月

فبروری

二月

مارچ

三月

اپریل

四月

می

五月

جون

六月

جولای

七月

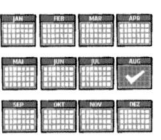

اگست

八月

سپتمبر
....
九月

اکتوبر
....
十月

نومبر
....
十一月

دسمبر
....
十二月

شکل ها

形状

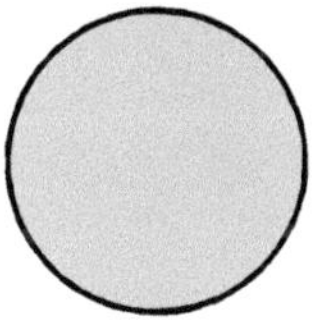

دایره
....
圆形

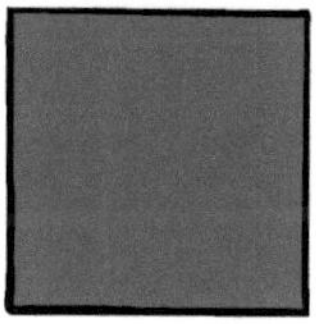

مربع
....
正方形

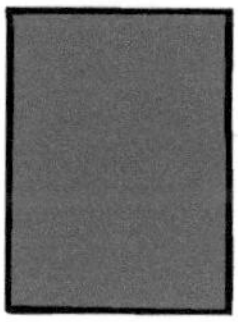

مستطیل
....
长方形

مثلث
....
三角形

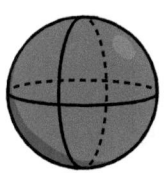

کره
....
球体

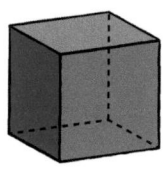

مکعب
....
立方体

رنگ ها

颜色

سفید

白

زرد

黄

نارنجی

橙

گلابی

粉

سرخ

红

بنفش

紫

آبی

蓝

سبز

绿

نصواری/قهوه یی

棕

خاکستری

灰

سیاه

黑

متضاد ها

反义词

مقبول / بدرنگ

美/丑

عصبانی / آرام

生气/平静

زیاد / کم

很多/少许

روشن / تیره

明/暗

بزرگ / کوچک

大/小

آغاز / پایان

首/尾

کامل / ناقص

完整/缺失

پاک / کثیف

干净/肮脏

برادر / خواهر

兄弟/姐妹

عریض / باریک

宽/窄

مرده / زنده

死/生

روز / شب

白天/晚上

خوراکی / غیر خوراکی

可食用/非食用

عصبانی / دوستانه

邪恶/善良

هیجان زده / کسل

兴奋/无聊

چاق / لاغر

胖/瘦

اول / آخر

第一/最后

دوست / دشمن

朋友/敌人

پر / خالی

满/空

سخت / نرم

硬/软

سنگین / سبک

重/轻

گرسنگی / تشنگی

饿/渴

بیمار / سالم

生病/健康

غیر قانونی / قانونی

非法/合法

باهوش / احمق

聪明/愚笨

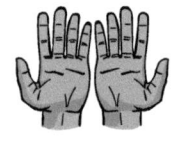

چپ / راست

左/右

نزدیک / دور

近/远

نو / کهنه
....
新/旧

هیچ چیز / چیزی
....
没有/有些

پیر / جوان
....
老/幼

روشن / خاموش
....
开/关

باز / بسته
....
打开/合上

بی صدا / پر سر و صدا
....
安静/吵闹

ثروتمند / فقیر
....
富/穷

صحیح / غلط
....
对/错

ناهموار / هموار
....
粗糙/光滑

غمگین / خوشحال
....
伤心/高兴

کوتاه / بلند
....
短/长

آهسته / سریع
....
慢/快

تر / خشک
....
湿/干

گرم / سرد
....
温暖/凉爽

جنگ / صلح
....
战争/和平

اعداد
数字

0

صفر

零

1

یک

一

2

دو

二

3

سه

三

4

چهار

四

5

پنج

五

6

شش

六

7

هفت

七

8

هشت

八

9

نه

九

10

ده

十

11

یازده

十一

12
دوازده
十二

13
سیزده
十三

14
چهارده
十四

15
پانزده
十五

16
شانزده
十六

17
هفده
十七

18
هجده
十八

19
نوزده
十九

20
بیست
二十

100
صد
百

1.000
هزار
千

1.000.000
میلیون
百万

زبان ها
语言

انگلیسی

英语

انگلیسی امریکایی

美式英语

چینی ماندارین

普通话

هندی

印地语

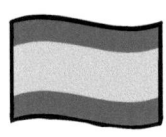

اسپانیایی

西班牙语

فرانسوی

法语

عربی

阿拉伯语

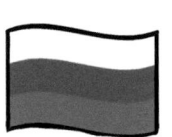

روسی

俄语

پرتغالی

葡萄牙语

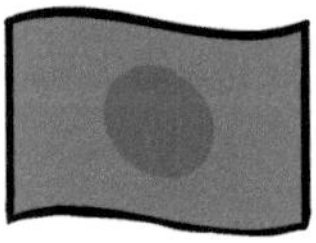

بنگالی

孟加拉语

آلمانی

德语

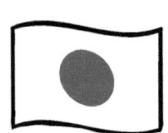

جاپانی

日语

من

我

شما

你

او / او / آن

他/她/它

ما

我们

شما

你们

آن ها

他们

کی؟

谁？

چی؟

什么？

چطور؟

怎样？

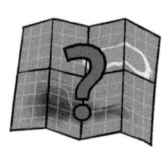

کجا؟

哪里？

چه وقت؟

什么时候？

اسم

名字

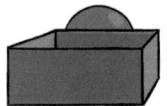

کجا
方位

عقب

后面

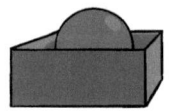

در

里面

پیش روی

前面

بالا

上方

روی

上面

زیر

下面

پهلو

旁边

میان

中间

محل

地点